Themenheft 3
Schreiben

Herausgegeben von
Roland Bauer, Jutta Maurach

Erarbeitet von
Iris Samajdar, Augsburg

Auf der Grundlage der Ausgabe von
Ursula Oswald

Cornelsen

Inhaltsverzeichnis

Ich bin Lola und ich helfe dir.

So kannst du mit den Heften arbeiten

Du machst alle
Seiten der Lernportion **1**:

zuerst im
grünen Heft,

dann im
roten Heft,

dann im
gelben Heft

und dann im
blauen Heft.

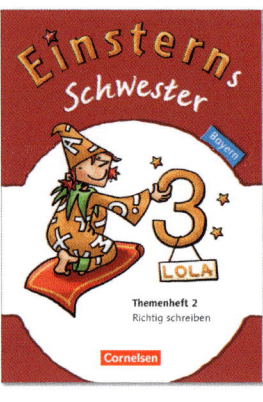

Danach machst du in
allen Heften die Lernportion **2**.

Nun machst du in
allen Heften die Lernportion **3**.

Genauso bearbeitest du
alle anderen Lernportionen.

Klassenregeln sammeln

1 Suche dir andere Kinder.
Seht euch das Bild an. Überlegt gemeinsam:
 – Warum sind Klassenregeln wichtig?
 – Wie lassen sich Klassenregeln gut sammeln und festhalten?

2 Erinnere dich an die Klassenregeln deiner Klasse.
 – An welche Regeln können sich alle Kinder
   gut halten?
 – Welche Regeln sind schwierig zu befolgen?

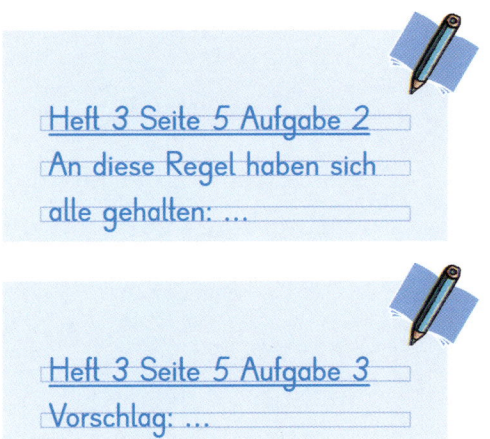

Heft 3 Seite 5 Aufgabe 2
An diese Regel haben sich
alle gehalten: …

3 Suche dir ein Partnerkind. Überlegt, ob ihr
im letzten Jahr eine Regel vermisst habt.
Schreibt eure Vorschläge auf.

Heft 3 Seite 5 Aufgabe 3
Vorschlag: …

4 Stimmt gemeinsam über eure Vorschläge ab.
Ergänzt die Regeln.

Personalpronomen können in der Höflichkeitsform vorkommen.

Personalpronomen in der Höflichkeitsform (Sie, Ihr, Ihre, Ihrem ...) verwende ich bei Fremden oder Erwachsenen. Ich schreibe sie **groß**.

Die Personalpronomen du, dein, dir, dich, euch ... benutze ich bei Freunden und Verwandten. Ich kann sie groß- oder kleinschreiben.

1 Sieh dir die Bilder an.
Schreibe zu jedem Bild auf,
was die Kinder sagen könnten.
Versuche, höflich zu formulieren.

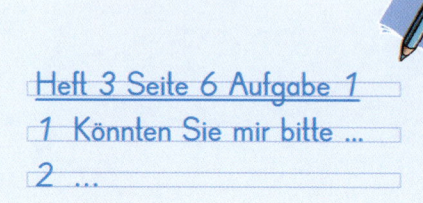

Heft 3 Seite 6 Aufgabe 1
1 Könnten Sie mir bitte ...
2 ...

2 Zeige deine Lösung von **1** einem Partnerkind. Es prüft, ob du höflich formuliert hast.

3 Sucht euch weitere Kinder.
Lest eure Formulierungen
einander vor. Überlegt
gemeinsam, warum es wichtig ist,
etwas höflich zu formulieren.

1 Gute Gespräche führen

1 Lies dir das Plakat durch.

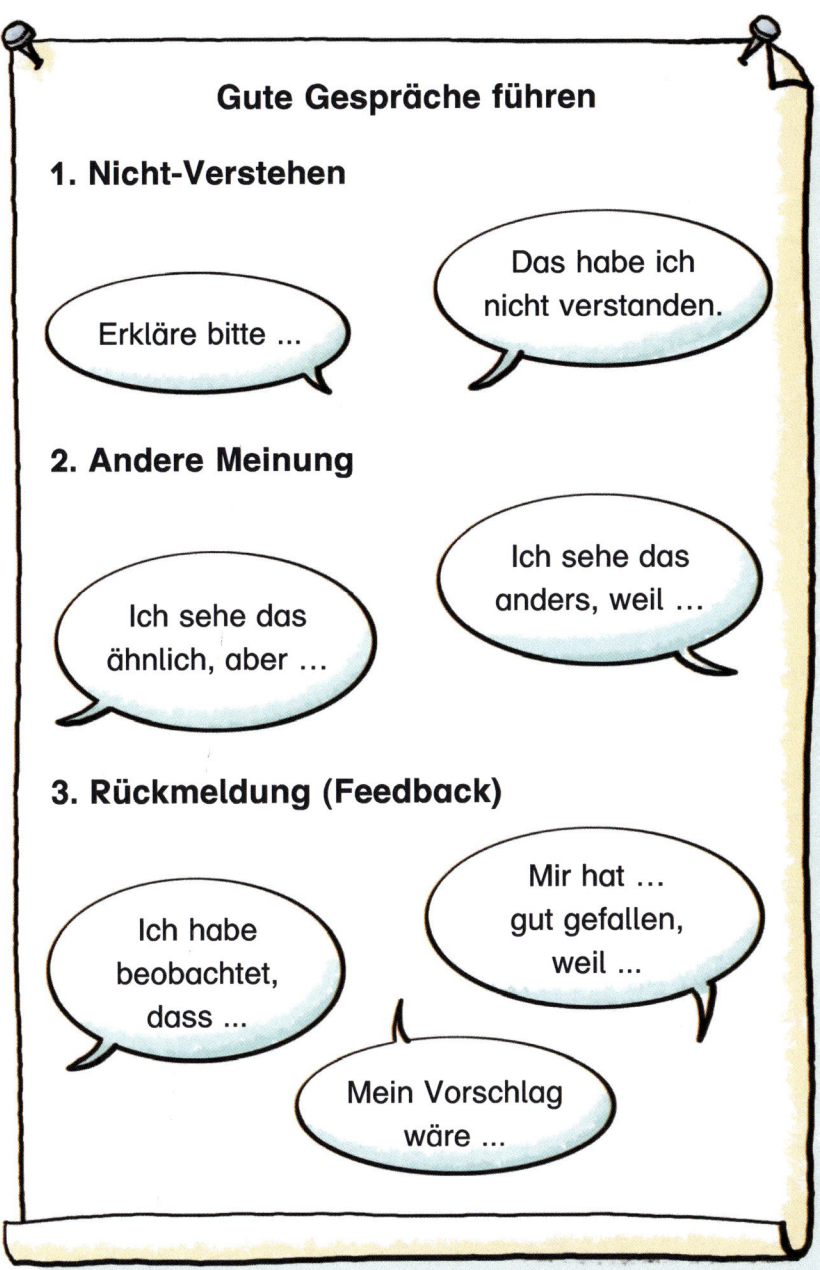

Gute Gespräche führen

1. Nicht-Verstehen

Erkläre bitte ...

Das habe ich nicht verstanden.

2. Andere Meinung

Ich sehe das ähnlich, aber ...

Ich sehe das anders, weil ...

3. Rückmeldung (Feedback)

Ich habe beobachtet, dass ...

Mir hat ... gut gefallen, weil ...

Mein Vorschlag wäre ...

Wenn ich meine Meinung begründe, versteht mich der Andere besser.

2 Schreibe mit einem Partnerkind zu jedem Punkt einen weiteren Satz, der euch ein Gespräch erleichtert.

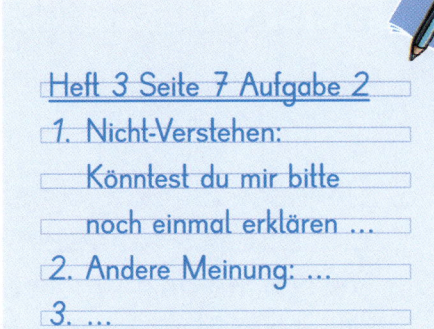

Heft 3 Seite 7 Aufgabe 2
1. Nicht-Verstehen:
    Könntest du mir bitte
    noch einmal erklären ...
2. Andere Meinung: ...
3. ...

3 Erstelle gemeinsam mit anderen Kindern ein Sprechblasenplakat mit euren Sätzen. Achtet darauf, dass der Text auch von Weitem gut zu lesen ist.

1. Lerntagebücher kennen lernen und vergleichen

1 Lies Lisas Eintrag im Lerntagebuch.
Schreibe die Fächer in dein Heft, über die
sie am 5.10. etwas aufgeschrieben hat.

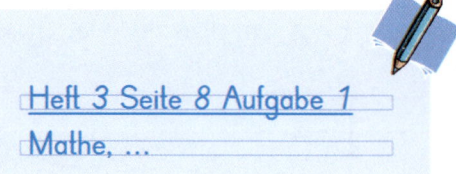

Heft 3 Seite 8 Aufgabe 1
Mathe, …

Datum	Lerninhalt	☺	😐	☹	wiederholt am
5. 10.	Wir haben Muster gemalt. Erst hat es mir Spaß gemacht, aber dann nicht mehr. Tim hat sich ein Muster ausgedacht. Es war schwer, das konnte ich nicht nachzeichnen.			☹	
5. 10.	Wir haben Lesen geübt. Ich kann schon sehr schnell lesen und ich verlese mich ganz selten.	☺			
5. 10.	Wir üben gerade Seilspringen. Immer stolpere ich! Aber es ist lustig.		😐		6. 10.
6. 10.	Ich habe einen Text ganz ohne Fehler abgeschrieben. Ich habe Tim geholfen.	☺			

Mein Lernziel für diese Woche:

Beim Seilspringen will ich fünf Mal hintereinander hüpfen.

2 Überlege dir ein weiteres Wochenziel für Lisa
und schreibe es in dein Heft.

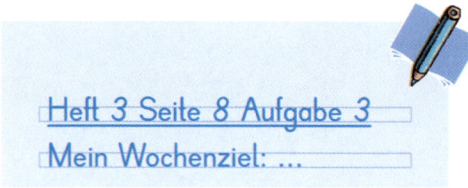

Heft 3 Seite 8 Aufgabe 2
Lisa sollte …

3 Überlege dir ein Wochenziel für dich selbst
und schreibe es in dein eigenes Lerntagebuch.
Vergleiche dein Wochenziel mit dem
Wochenziel eines Partnerkindes.

Heft 3 Seite 8 Aufgabe 3
Mein Wochenziel: …

4 Vergleiche zusammen mit anderen Kindern das Lerntagebuch
mit dem Lerntagebuch auf Seite 8.

a) Überlegt, wie sie sich unterscheiden.

b) Begründet, welches Lerntagebuch ihr besser findet.

c) Erklärt, wozu ein Lerntagebuch nützlich ist.

d) Überlegt, wie für euch ein Lerntagebuch aussehen soll.

Mein Lerntagebuch

Das war diese Woche schön:

Wir haben einen Ausflug in die Bücherei gemacht.

Darauf kann ich stolz sein:

Ich habe auch die schwierige Sachaufgabe in Mathe richtig gerechnet.

Das kann ich jetzt besser:

Fragen zu Sachaufgaben schreiben.

Hier brauche ich noch Hilfe:

Beim Häkeln in Werken.

Mein Vorsatz letzte Woche war:

Ich wollte das Gedicht für Deutsch auswendig lernen.

So finde ich mein Ergebnis:

Die zwei letzten Reime sind mir nicht mehr eingefallen.

Das nehme ich mir für nächste Woche vor:

Die Mütze fertig häkeln.

Das möchte ich noch sagen (Zusammenarbeit, Regeln, Miteinander):

Hanna, Raoul und ich machen zusammen ein Referat. Hanna darf aber

nicht immer alles bestimmen. Aber wenn ich was sage, streiten wir immer.

5 Schreibe einen Eintrag über deine letzte Schulwoche.

1 Eine Schreibkonferenz kennen lernen

In einer **Schreibkonferenz** kannst du dir von anderen Kindern helfen lassen, deinen Text zu verbessern.

1 Lies den Ablauf einer Schreibkonferenz gemeinsam mit einem Partnerkind.

Schritt 1

Wenn ich einen Text geschrieben habe, gebe ich ihn an andere Kinder weiter.

Schritt 2

Die Kinder lesen den Text genau.
Sie stellen sich diese Fragen zum Text:
– Was hat mir besonders gut gefallen?
– Was ist mir aufgefallen?
– Habe ich noch Fragen?
– Was würde ich ändern?
– Das sind meine Vorschläge.

Schritt 3

Die Kinder erzählen dir, was sie über deinen Text denken.
Sie achten dabei auf die Regeln für gute Gespräche.
Sie können ihre Rückmeldungen auch in eine Tabelle schreiben.

Schritt 4

Du überarbeitest deinen Text mithilfe der Hinweise.

 2 Erklärt euch gegenseitig, wie eine Schreibkonferenz funktioniert.
Stellt Fragen, wenn ihr etwas nicht versteht.

Eine Schreibkonferenz durchführen

1 Lies Tims Text.

> Meine Familie und ich fliegen in den Sommerferien immer
> weg zu einem riesigen Hotel. Im Hotel schmeckt das Essen
> gut. Das Hotel hat einen tollen Pool. Dort gibt es eine lange
> Rutsche und mehrere Becken und eine Bar mit Musik und
> ich kann gut schwimmen und meine kleine Schwester kann
> nicht schwimmen und Mama und Papa müssen immer auf
> sie aufpassen und das ärgert mich manchmal. Aber sonst ist
> immer alles toll im Hotel.

2 Suche dir andere Kinder. Besprich in der Gruppe Tims Text.
Beantwortet die Fragen aus **1** auf Seite 10.

3 Erstellt eine Tabelle auf einem Blatt zu Tims Text.
Tragt eure Überlegungen ein.

Text von Tim	Das hat mir besonders gut gefallen.	Das ist mir aufgefallen. Ich habe noch Fragen.	Meine Änderungsvorschläge
Lisa	Ich konnte mir den Pool gut vorstellen.	Wo ist das Hotel?	Schreibe, in welches Land ihr fliegt.
Fabio	…		

4 Schreibe Tims Text neu auf.
Verwende die Hinweise aus eurer Tabelle.

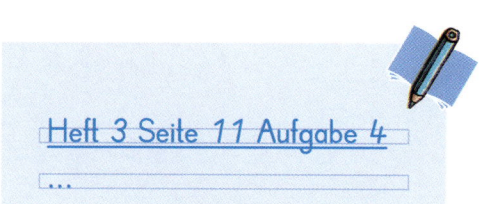

Heft 3 Seite 11 Aufgabe 4

…

1 Lernen planen

1 Beantworte die Fragen. Schreibe in ganzen Sätzen.

a) Wo lernst du zu Hause?

b) Kannst du ungestört lernen?

c) Was brauchst du, um ungestört zu lernen?

d) Was unterstützt dich beim Lernen?

e) Machst du Pausen?

f) Was machst du vor und nach den Hausaufgaben?

Heft 3 Seite 12 Aufgabe 1
a) Zu Hause lerne ich ...
b) ...

2 Suche dir ein Partnerkind. Vergleicht eure Antworten von **1**.

3 Sammle gemeinsam mit einem anderen Kind Möglichkeiten, wie ihr euch das Lernen zu Hause erleichtern könnt. Vergleicht eure Ergebnisse mit den Ergebnissen anderer Kinder.

Heft 3 Seite 12 Aufgabe 3
...

4 Erstellt ein übersichtliches Plakat mit euren Lerntipps. Schreibt in eurer schönsten Schrift.

2 Eine Wörtersammlung erstellen

So kann ich Ideen für eine Geschichte aufschreiben:
1. Ich finde ein Thema und sammle Wörter dazu.
2. Ich ordne die Wörtersammlung.

1 Schreibe alle Wörter auf,
die dir zum Thema Zirkus einfallen.

> Heft 3 Seite 13 Aufgaben 1 + 2
> Thema: Zirkus
> ...

Mir fällt auch noch etwas dazu ein!

2 Vergleiche deine Wörtersammlung mit der eines anderen Kindes.
Füge seine Ergänzungen hinzu.

3 Überlegt gemeinsam in der Gruppe, wie ihr die Wörter ordnen könnt.

1 Ordne deine Wörter von
Seite 13 den Oberbegriffen zu.
Schreibe in dein Heft.

Eine Sammlung von Wörtern in dieser Form nennt man **Cluster.**

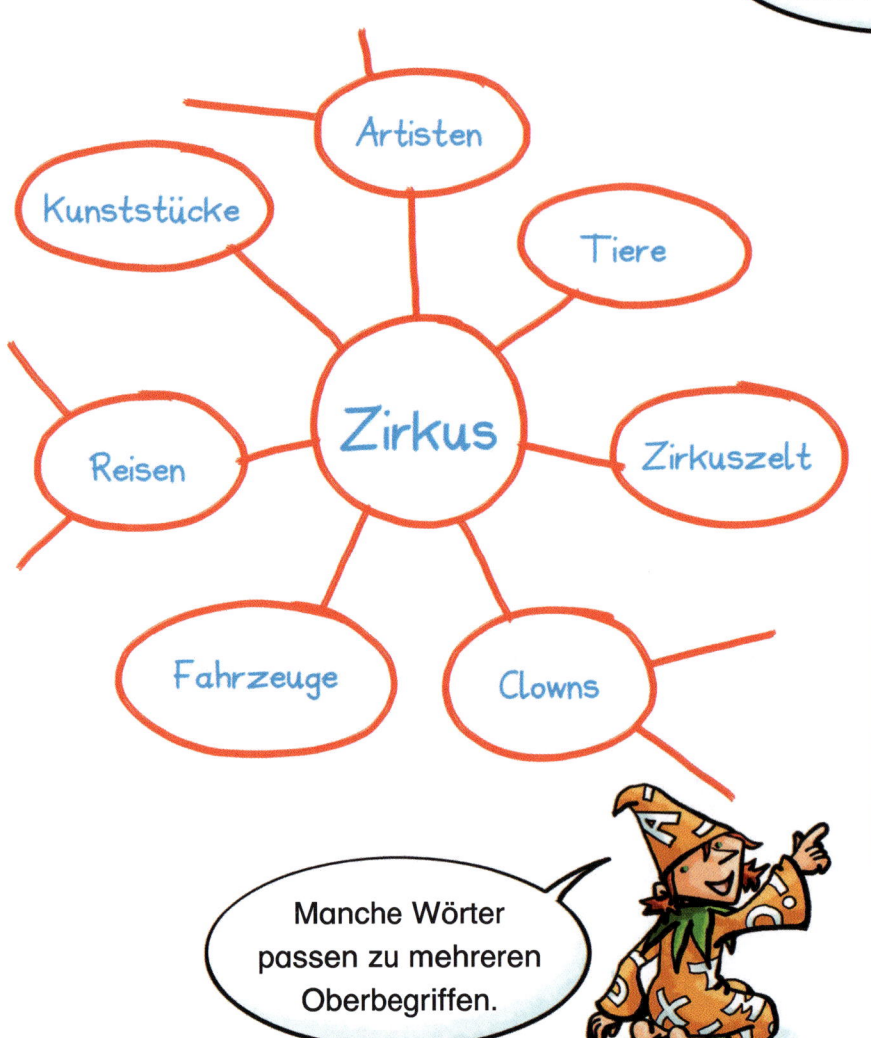

Heft 3 Seite 14 Aufgabe 1

Manche Wörter passen zu mehreren Oberbegriffen.

2 Wähle ein eigenes Thema, z. B.
Piraten, Haustiere, Reiten, Dinosaurier oder …

a) Sammle dazu Wörter.

b) Finde Oberbegriffe.

c) Erstelle ein Cluster in deinem Heft.

Heft 3 Seite 14 Aufgabe 2

…

3 Zeige einem Partnerkind dein Cluster.
Ergänzt Begriffe.

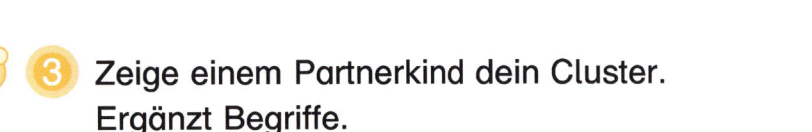

2. Einen Stichwortzettel schreiben

Auf einem **Stichwortzettel** kannst du Wörter oder auch ganze Sätze notieren.
Ein Stichwortzettel hilft dir, deine eigenen Überlegungen oder
wichtige Informationen aus einem Text festzuhalten.
Stichwörter schreibt man mit Spiegelstrichen untereinander auf.

1 Entscheide dich für einen Wunschort. Überlege dir, warum du dort am liebsten
wohnen würdest und was du dort unternehmen könntest.

2 Schreibe deine Überlegungen aus **1**
in Stichworten auf.

Heft 3 Seite 15 Aufgabe 2
– ...
– ...

2. 5-Minuten-Schreiben

1 Schreibe mit deinen Stichwörtern von Seite 15
einen Text. Du hast 5 Minuten Zeit dafür.

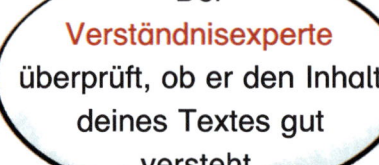

Heft 3 Seite 16 Aufgabe 1
...

 2 Suche dir ein Partnerkind.
Lest euch gegenseitig eure Hefteinträge vor.
Der Zuhörer ist der Verständnisexperte.
Tauscht nach dem Vorlesen eure Hefte aus.

So arbeitet der Verständnisexperte:

Zuhören:
– Habe ich alles gut verstanden?
– Wo muss ich etwas genauer erfahren,
  um den Text zu verstehen?

Rückmeldung geben:
– Ich lese den Text nach dem Hören
  nochmals durch.
– Ich unterstreiche im Text die Stellen,
  die mir nicht klar sind.
– Wo etwas im Text ergänzt werden soll,
  setze ich ein X.
– Ich schreibe hilfreiche Tipps und Hinweise
  an den Rand.
– Ich bespreche den Text mit meinem Partnerkind.
  Wir achten dabei auf die Einhaltung
  der Gesprächsregeln.

Der
Verständnisexperte
überprüft, ob er den Inhalt
deines Textes gut
versteht.

 3 Besprich deinen Text mit deinem Verständnisexperten.
Lies seine Rückmeldung.

4 Überlege, wie dir die Hinweise von deinem
Verständnisexperten weiterhelfen können.
Schreibe auf, auf was du bei deinem nächsten
Text achten möchtest.

1 Sieh dir das Bild genau an.
Stell dir vor, du bist das Kind.
Erzähle einem Partnerkind zu den Fragen.
Schreibe dann zu jeder Frage
mindestens einen Satz
oder erfinde eine Geschichte.

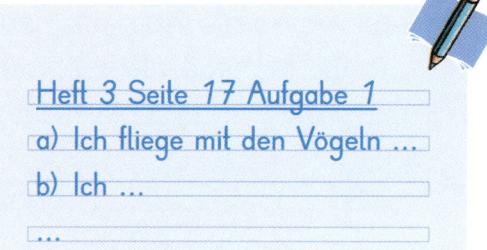

Heft 3 Seite 17 Aufgabe 1
a) Ich fliege mit den Vögeln …
b) Ich …
…

a) Was tust du?

b) Was denkst du?

c) Was fühlst du?

Quint Buchholz.
Ausflug (2001)

2

Ich als König bestimme über alles.

Stell dir vor, du bist ein König.

Was tust du?

Was denkst du?

Was fühlst du?

Stell dir vor, du bist eine Ameise.

Stell dir vor, du bist eine König…

Stell dir vor, du bist ein Dieb.

Stell dir vor, du bist ein Clown.

3. Eine Anleitung schreiben

1 Schreibe die Anleitung zum Zähneputzen in der richtigen Reihenfolge auf. Ergänze unterschiedliche Satzanfänge.

Heft 3 Seite 18 Aufgabe 1
Zuerst ...

| Zuerst | Zum Schluss | Dann | Danach | Als Nächstes |

☐ drücke ich die Zahnpasta auf die Bürste.

☐ spüle ich meinen Mund aus.

☐ mache ich die Zahnbürste nass.

☐ reinige ich die Zahnbürste unter fließendem Wasser.

☐ putze ich zwei Minuten lang die Zähne mit kreisenden Bewegungen.

2 Schreibe eine Anleitung zum Haarewaschen. Die Bilder helfen dir. Achte auf unterschiedliche Satzanfänge.

Heft 3 Seite 18 Aufgabe 2
Zuerst ...

3 Finde ein Partnerkind. Vergleicht eure Anleitungen von **2**.

4 Beschreibt abwechselnd Schritt für Schritt den Vorgang beim Händewaschen. Einmal benutzt ihr immer den Satzanfang **Dann**, beim zweiten Mal unterschiedliche Satzanfänge. Überlegt, was besser klingt.

1 Ordne die Bilder den Beschreibungen zu.
Die richtige Zuordnung verrät dir den Namen
des Gerichts.

Heft 3 Seite 19 Aufgabe 1
1 2 3 …
BR …

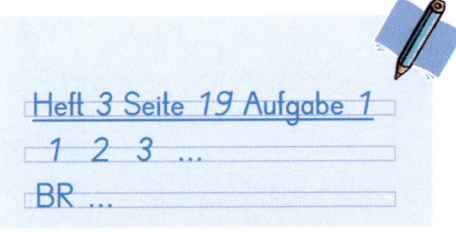

Zutaten für 6 Personen:

– 6 Scheiben Toastbrot,
   Ciabatta oder Baguette

– 6 reife Tomaten oder
   Tomaten aus der Dose

– Olivenöl

– 1 Prise Salz

– 2–3 Knoblauchzehen

– Basilikum

T	Mischung auf Brote verteilen
US	Olivenöl auf das getoastete Brot träufeln
ET	Tomaten mit Salz und Knoblauch vermischen
BR	Brot toasten
A	mit Basilikum verzieren
CH	Tomaten und Knoblauch in Würfel schneiden

2 Schreibe die Anleitung in ganzen Sätzen auf.
Achte auf verschiedene Satzanfänge.

Heft 3 Seite 19 Aufgabe 2 + 3
Zuerst toaste ich …
…

Zuerst …,
Als Nächstes …, Nun …, Dann …,
Danach …, Daraufhin …, Zuletzt …,
Zum Schluss …

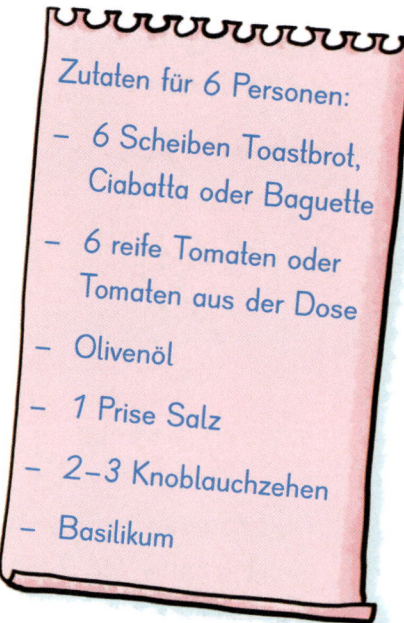

3 Unterstreiche Satzanfänge und Verben in zwei unterschiedlichen Farben.
Lege eine Sammlung mit Wörtern und Satzanfängen an,
die du beim Schreiben von Anleitungen verwenden kannst.

3 Ein Kochrezept schreiben

1 Lies die E-Mail. Suche alle Zutaten für Rosmarinkartoffeln und schreibe eine Zutatenliste.

> Zu einem Kochrezept gehört eine Zutatenliste mit Mengenangaben. Und ich brauche eine Anleitung, wie ich das Gericht zubereiten und kochen muss.

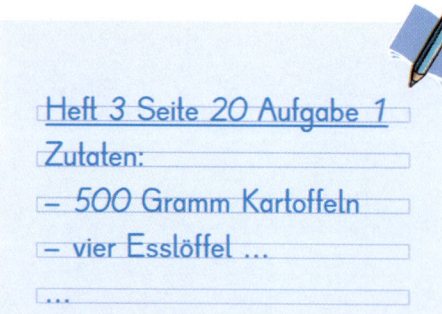

Heft 3 Seite 20 Aufgabe 1
Zutaten:
– 500 Gramm Kartoffeln
– vier Esslöffel …
…

Rosmarinkartoffeln

An: Kevin

Betreff: Rosmarinkartoffeln

Von: **Signatur:** Ohne

Lieber Kevin,

letztes Wochenende hast du die leckeren Kartoffeln bei mir gegessen und
nun habe ich endlich die Zeit gefunden, dir das Rezept aufzuschreiben.
Du brauchst für vier Personen: 500 Gramm Kartoffeln, vier Esslöffel Olivenöl,
vier Esslöffel klein gehackten Rosmarin, Salz und Pfeffer zum Würzen.
Zuerst musst du die Kartoffeln mit einem Gemüsebürstchen gut abschrubben,
bis die Erdreste weg sind und die Haut ganz hell ist. Dann schneidest du die Kartoffeln
auf einem Brettchen in Scheiben, zirka einen halben Zentimeter dick. Pass auf,
dass du dir nicht in die Finger schneidest. Nun streichst du das Olivenöl auf ein
Backblech, bis der Boden bedeckt ist. Danach verteilst du die Kartoffeln auf das Blech.
Jetzt kommt der zerkleinerte Rosmarin auf die Kartoffeln. Zum Schluss würzt du
mit Salz und Pfeffer. Nimm lieber zu wenig als zu viel, nachwürzen kannst du
auf dem Teller immer noch. Nun im Backofen 20 Minuten bei 200 °C backen lassen.

Na, dann lass es dir schmecken.

Dein Onkel Gustav

---

2 Notiere die wichtigsten Arbeitsschritte in Stichworten.

3 Schreibe mithilfe deiner Stichworte eine Anleitung in ganzen Sätzen.

4 Vergleiche dein Rezept mit dem eines Partnerkindes.

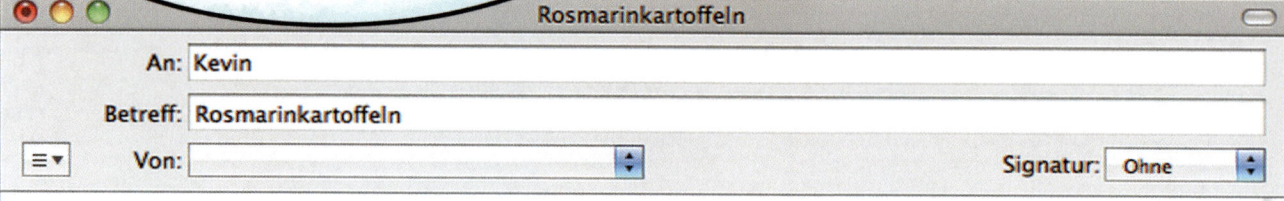

Heft 3 Seite 20 Aufgabe 2 + 3
– Kartoffeln schrubben
– schneiden
– …
Zutaten: 500g Kartoffeln, …
Zuerst schrubbe ich die Kartoffeln gut ab …

 **Eine Bastelanleitung schreiben**

① Sieh dir die Bilder an. Schreibe dann eine Liste mit Dingen, die du zum Basteln der Pop-up-Karte benötigst (Materialliste).

Heft 3 Seite 21 Aufgabe 1
DIN-A5-Papier, …

 1

 2

 3

 4

 5

 6

② Schreibe eine Bastelanleitung zu den Bildern aus ① auf. Achte auf unterschiedliche Satzanfänge. Die Wörter im Kasten helfen dir.

Heft 3 Seite 21 Aufgabe 2
Zuerst falte ich ein Blatt
Papier in der Mitte …

> in der Mitte falten ✿ knicken ✿ einzeichnen ✿
> einschneiden ✿ aufklappen ✿ nach vorne
> drücken ✿ ausschneiden ✿ aufkleben ✿
> Zuerst … ✿ Als Nächstes … ✿ Danach … ✿
> Dann … ✿ Zuletzt …

 ③ Tausche deine Anleitung mit der eines Partnerkindes. Prüfe die Anleitung als Verständnisexperte. Die Aufgaben des Verständnisexperten sind auf Seite 16 erklärt.

3. Nach einem Steckbrief einen Text schreiben

1 Ordne den Steckbrief der passenden Pflanze zu.

Wiesenschlüsselblume

Sumpfdotterblume

Scharbockskraut

Löwenzahn

Name: ?

Aussehen:
- sternförmige, gelbe Blüten
- dunkelgrüne herzförmige bis runde Blätter

Standort:
- Wälder
- Wiesen
- feuchte Böden

Blütezeit: März bis Mai

Nutzen:
- Blätter enthalten viel Vitamin C
- Blätter können während der Blütezeit als Salat gegessen werden (später giftig!)
- früher Mittel gegen Skorbut*

* Skorbut: Krankheit, die durch einen Mangel an Vitamin C ausgelöst wird.

2 Schreibe mit den Stichpunkten aus dem Steckbrief eine ausführliche Beschreibung.

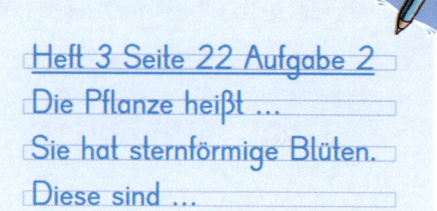

Heft 3 Seite 22 Aufgabe 2
Die Pflanze heißt ...
Sie hat sternförmige Blüten.
Diese sind ...

3 Führe mit anderen Kindern eine Schreibkonferenz durch.
Lies dazu nochmals auf Seite 10 nach.
Lies die Vorschläge der anderen Kinder sorgfältig durch, bevor du deinen Text überarbeitest.

3 Nach einem Text einen Steckbrief schreiben

1 Schreibe einen Steckbrief über den Wolpertinger.
Überlege dir die Gliederung.

Name:
Herkunft:
Aussehen:
.
.
.

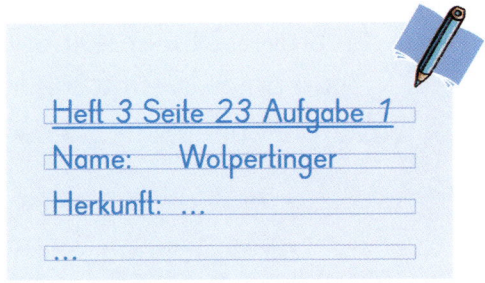

Heft 3 Seite 23 Aufgabe 1
Name: Wolpertinger
Herkunft: ...
...

Der Wolpertinger wurde das erste Mal
vor mehr als hundert Jahren
im Bayerischen Wald gesehen.
Dort lebt er wahrscheinlich heute noch.

Sein Aussehen ist etwas merkwürdig, denn der Wolpertinger
ist ein Mischwesen. In ihm können sich die unterschiedlichsten Tiere
vereinen: zum Beispiel Eulen, Hasen, Hirsche, Schweine oder Enten.
Häufig wurde er mit einem Hasenkopf gesichtet, den kleine Hörner krönen.
Außerdem besitzt er meist Flügel.

Menschen müssen keine Angst vor ihm haben, denn er ernährt sich
ausschließlich von kleinen Tieren und Wurzeln. Der Wolpertinger ist also
ganz harmlos, auch wenn er manchmal ein wenig gruselig aussieht.

Der Wolpertinger ist nachtaktiv und sehr, sehr scheu.
Wenn du aber einmal einen erblicken solltest, dann streue ihm Salz
auf seinen Schwanz. So kannst du ihn zähmen und uns zeigen!

2 Überlegt gemeinsam in der Gruppe, welche Gliederungspunkte
bei Tiersteckbriefen nützlich sind. Schreibe sie auf.

3 Wähle ein Tier aus einem Tierlexikon oder aus dem Internet.
Schreibe einen Steckbrief. Zeige ihn einem Partnerkind.

4 Zauberei und Zaubertricks kennen lernen

1 Lies den Zaubertrick und erprobe ihn.
Schreibe das Ergebnis auf einen Zettel.
Vergleiche es mit Lolas Ergebnis.

> Ich kenne dein Ergebnis! Schaue auf S. 27 nach, dort verrate ich es dir!

1. Merke dir eine Zahl zwischen 1 und 10. **deine Zahl**

2. Verdopple die gedachte Zahl. $\cdot$ 2

3. Zähle nun 4 dazu. $+$ 4

5. Teile das Ergebnis durch 2. $:$ 2

6. Ziehe vom Ergebnis
   deine anfangs gedachte Zahl ab. $-$ **deine Zahl**

2 Tausche dich mit einem anderen Kind über Zauberei aus.

a) Erzählt, welche Tricks ihr schon einmal gesehen habt.

b) Überlegt, was zu einer guten Zaubershow gehört.

c) Sucht weitere Zaubertricks.

d) Erstellt ein Cluster.

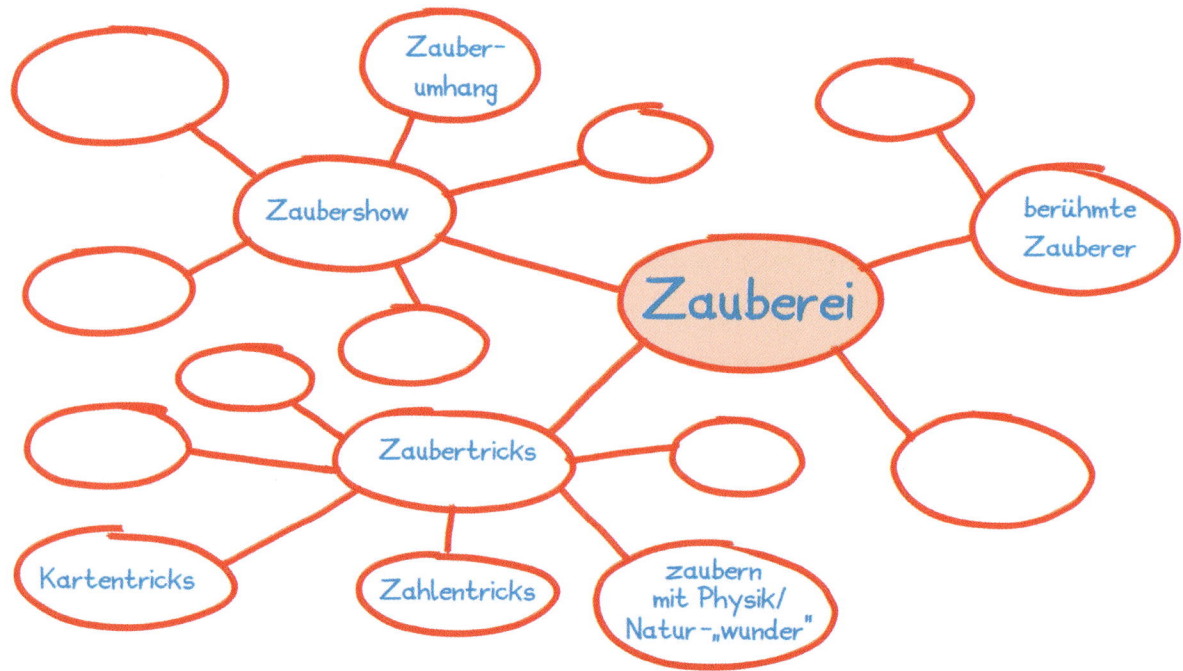

4 Einen Zaubertrick auswählen und vorbereiten

① Wähle einen Trick aus, über den du ein Referat halten willst.
Du kannst auch ein Referat über Zauberei oder berühmte Zauberer halten.

② Bereite dein Referat vor.
– Notiere alle Wörter, die du nicht verstehst, und finde die Bedeutung.
– Sammle Informationen zu deinem Thema.

Heft 3 Seite 25 Aufgabe 2
Physik: ...

③ Schreibe auf Karten:

a) Stichwörter oder Bereiche, die für deinen Vortrag wichtig sind.

b) Informationen zu den einzelnen Stichpunkten oder Bereichen.

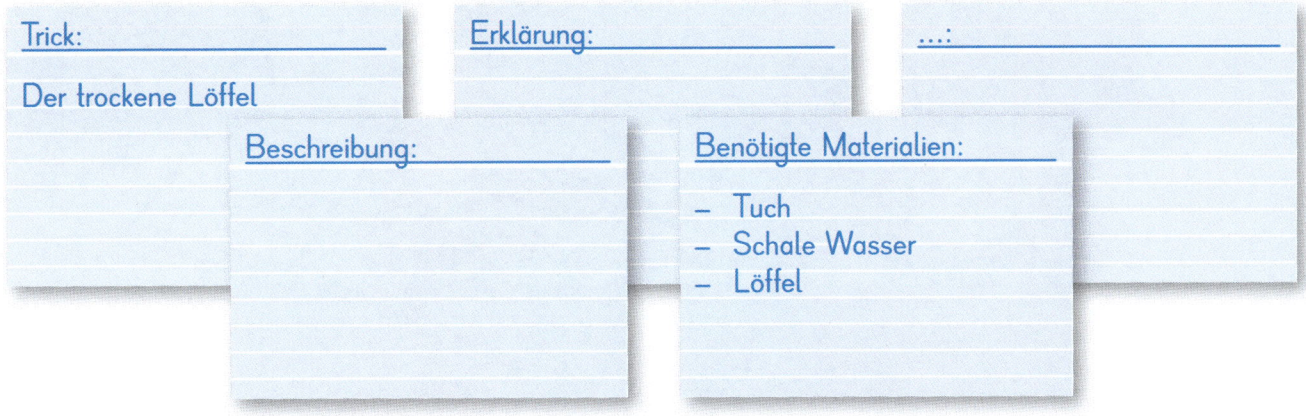

④ Sortiere die Karten in einer sinnvollen Reihenfolge.

4 Ein Referat halten und sich einschätzen

1 Besorge die notwendigen Materialien und bereite dich auf deine Präsentation vor.

2 Übe mit deinen vorbereiteten Karten deinen Vortrag.
  – Sprich deutlich, laut und langsam.
  – Achte auf die Betonung und mache Sprechpausen.
  – Suche immer wieder Blickkontakt zu deinen Zuhörern.

3 Schreibe auf:

a) Warst du zufrieden mit deinem Vortrag?

b) Hattest du Schwierigkeiten?

c) Würdest du jetzt etwas anders machen?

4 Einen Zauberspruch erfinden

1 Lies die verschiedenen Zaubersprüche.

Um etwas verschwinden zu lassen:
Zauberkräfte sammeln und binden,
ich lasse jetzt … verschwinden!

Hexen-Einmaleins
und Zahlenzauberei –
das Ergebnis ist
die 2!

Um etwas wieder herbeizuzaubern:
Silberkorn und goldenes Ei,
ich zaubere jetzt … herbei!

Für Kartentricks:
Eidechsenkraut und schleimiger Lurch,
durch die Karten schau ich durch!
Gehirne wackeln und wanken ---
ich lese deine Gedanken!

Für das Zaubern allgemein:
Gespenstergestöhne und Geisterstunde,
Zaubererkreis und Hexenrunde,
Gewitterwolke in pechschwarzer Nacht –
Abrakadabra, es ist vollbracht!

2 Erfinde selbst einen Zauberspruch.
Schreibe ihn auf und gestalte ein Schmuckblatt.

5 Ein Haiku schreiben

> Das **Haiku** ist eine japanische Gedichtform.
> Haiku-Gedichte handeln von der Natur, von den Jahreszeiten,
> von den Elementen Feuer, Wasser, Luft, Erde
> und von den Beziehungen einer Person dazu.
> Haikus haben eine feste Silbenzahl.
> Die drei Verse enthalten 17 Silben.
> 1. Zeile = 5 Silben,   2. Zeile = 7 Silben,   3. Zeile = 5 Silben

1 Überprüfe, ob beide Gedichte Haikus sind.
Zähle die Anzahl der Silben in jeder Zeile. Überprüfe den Inhalt.

Die schwarzen Schwalben

Nun dort in Reihe sitzen

Wie das so üblich

Kusadao

Sonnenwarmer Tag

Am Zaun des Frühlingsgartens

Hängt noch ein Fäustling

Alexandra von Marmu, 11 Jahre

2 Ein Haiku handelt vom Winter und das andere
vom Frühling. Sortiere die beiden Haikus.
Schreibe sie richtig auf.

Heft 3 Seite 28 Aufgabe 2

Es donnert und blitzt.
Flocken fallen leicht.
Schneemann lacht mit großem Mund.
Gräser und Blumen schwanken.
Naturgewalten.
Winterwunderwelt.

5

3 Suche dir ein passendes Thema
und schreibe selbst ein Haiku.
Achte auf den Bauplan.

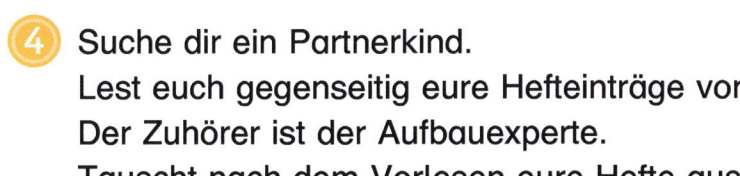
Heft 3 Seite 29 Aufgabe 3

4 Suche dir ein Partnerkind.
Lest euch gegenseitig eure Hefteinträge vor.
Der Zuhörer ist der Aufbauexperte.
Tauscht nach dem Vorlesen eure Hefte aus.

Der **Aufbauexperte** überprüft, ob dein Text richtig und gut aufgebaut ist.

> **So arbeitet der Aufbauexperte:**
>
> Zuhören:
> – Ist alles in der richtigen Reihenfolge?
>
> Rückmeldung geben:
> – Ich lese den Text nach dem Hören
>   nochmals durch.
> – Ich markiere Stellen, wo etwas
>   fehlt oder etwas zu viel ist.
> – Ich zeige mit einem Pfeil
>   die richtige Reihenfolge an.
> – Ich schreibe hilfreiche Tipps
>   und Hinweise an den Rand.
> – Ich bespreche den Text mit meinem
>   Partnerkind. Wir achten dabei auf
>   die Einhaltung der Gesprächsregeln.

5 Besprich deinen Text mit deinem Aufbauexperten.
Lies seine Rückmeldung.

6 Überlege, wie dir die Hinweise von deinem
Aufbauexperten weiterhelfen können.
Plane und schreibe auf, wie und bis wann
du dein Haiku überarbeiten möchtest.

5. Ein Parallelgedicht schreiben

1 Übersetze das avenidas-Gedicht
und schreibe es in dein Heft.

avenidas
avenidas y flores

flores
flores y mujeres

avenidas
avenidas y mujeres

avenidas y flores y mujeres y
un admirador

Eugen Gomringer

Heft 3 Seite 30 Aufgabe 1
Straßen
Straßen und Blumen
...

avenidas	=	Straßen
y	=	und
flores	=	Blumen
mujeres	=	Frauen
un admirador	=	ein Bewunderer

2 Zeichne mit verschiedenen Farben
den Bauplan des Gedichts in dein Heft.

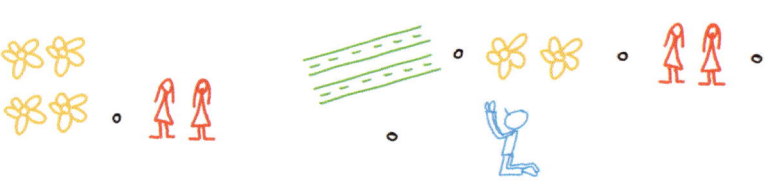

Heft 3 Seite 30 Aufgabe 2

Ein Parallelgedicht
ist ein eigenes Gedicht, dass sich
aber im Aufbau an ein anderes
Gedicht anlehnt.

3 Finde selbst Wörter.
Schreibe ein Parallelgedicht nach dem Bauplan.

5. Ein Schneeballgedicht schreiben

> Ein **Schneeballgedicht** beginnt mit einem Buchstaben.
> In jeder Zeile wird die Buchstabenmenge um einen Buchstaben größer.

(1) I
(2) da
(3) ist
(4) eine
(5) Biene
(6) im Glas
(7) und isst
(8) den Honig

1 Schreibe ein möglichst langes Schneeballgedicht.
Tausche dein Gedicht mit dem eines Partnerkinds.
Überprüfe das Gedicht als Aufbauexperte.

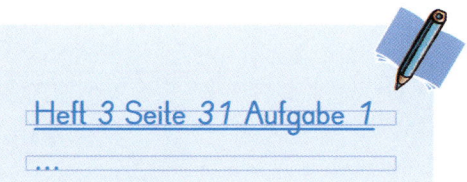

Heft 3 Seite 31 Aufgabe 1
...

2 Gestalte ein passendes Schmuckblatt und übertrage
dein Schneeballgedicht in Schönschrift auf das Blatt.

 **3**

4 Vergleicht eure Schneeballgedichte in der Gruppe.

a) Welches hat die meisten Zeilen?

b) Welches ist besonders lustig?

c) Welches ist am schönsten gestaltet?

d) ...

5. Merkmale eines förmlichen Briefs kennen lernen

1 Suche dir ein Partnerkind.
Überlegt gemeinsam, welche Unterschiede es zwischen
einem persönlichen und einem förmlichen Brief gibt.

2 Lies den förmlichen Brief der Klasse 3c.

> Welche Bestandteile eines Briefs kennst du schon?

Ort, Datum

Landshut, den 16.09.20…

Betreff — Spendenaufruf für das Erntedankfest

Höfliche Anrede — Sehr geehrte Frau Bauer,

Anliegen — die Klasse 3c veranstaltet ein Erntedankfest.
Darum bitten wir Sie um eine Spende.
Wir freuen uns über Obst und Gemüse.
Mit dem Geld aus dem Verkauf werden neue
Bücher für unsere Schulbibliothek angeschafft.

Grußformel — Mit freundlichen Grüßen

Absender — Ihre Klasse 3c

Adresse des Absenders —
Grundschule Berg Klasse 3c
Weinzierlstr. 38
84036 Landshut

Ilse Bauer
Kirchgasse 5
84028 Landshut
— **Adresse des Empfängers**

3 Besprecht in der Gruppe, worin sich ein Brief an eine Freundin
oder einen Freund von einem förmlichen Brief unterscheidet.

5

1 Schreibe die Begriffe mit den passenden Erklärungen auf.

Heft 3 Seite 33 Aufgabe 1
Empfänger = Person und Ort, an den ein Brief zugestellt werden soll
...

Empfänger	Anliegen einer schriftlichen Nachricht

Absender	Person, die einen Brief verschickt

Betreff	Textbaustein, der zu Beginn eines Briefs steht

Schlussformel oder Grußformel	Anrede des Briefempfängers mit den Anredepronomen Sie, Ihnen, Ihr, Ihre ...

höfliche Anrede	Person und Ort, an den ein Brief zugestellt werden soll

(Brief-)Anrede	Textbaustein, der am Ende eines Briefs steht

2 Lies die Briefe. Schreibe die Briefanreden und die Grußformeln auf.

Heft 3 Seite 33 Aufgabe 2
Liebe Frau Koch – Herzliche Grüße
...

Coburg, den 16.03.20...

Flohmarktstand auf dem Marktplatz

Sehr geehrte Frau Bürgermeisterin,

wir möchten am 13. April auf dem Marktplatz einen Flohmarkt zur Aufbesserung unserer Klassenkasse abhalten und bitten Sie dafür um Ihre Erlaubnis.

Hochachtungsvoll

Klasse 3b

Schrobenhausen, den 08.10.20...

Erlaubnis für ein Klassenfest

Liebe Frau Koch,

wir würden gerne wieder einmal ein Klassenfest feiern. Machen Sie mit?

Herzliche Grüße

Ihre 3a

Inzell, den 08.07.20...

Lesenacht in der Schule

Sehr geehrter Herr Rinner,

die Klassen 1 bis 4 möchten gerne am Freitag, den 16.09. eine Lesenacht in der Schule veranstalten. Bitte schließen Sie dafür um 18 Uhr die Klassenräume auf. Vielen Dank!

Mit freundlichen Grüßen

Ihr Organisationsteam

5. Merkmale eines förmlichen Briefs verwenden

Bei einem förmlichen Brief achte ich auf diese Dinge:

1. Ich schreibe das Datum auf.
2. Ich schreibe eine Betreff-Zeile.
3. Ich achte auf die höfliche Anrede.
4. Ich verwende passende Personalpronomen (Sie, Ihr, Ihre, Ihnen …). Diese schreibe ich groß.
5. Ich beende den Brief mit einer Grußformel.
6. Ich schreibe die Anschrift richtig und lesbar auf den Umschlag.
7. Ich schreibe meine Adresse in die linke obere Ecke des Umschlags.

1 Jan ist umgezogen.
Die Klasse 3b schickt ihm diesen Einladungsbrief zum Sommerfest.
Lies den Brief aufmerksam durch.

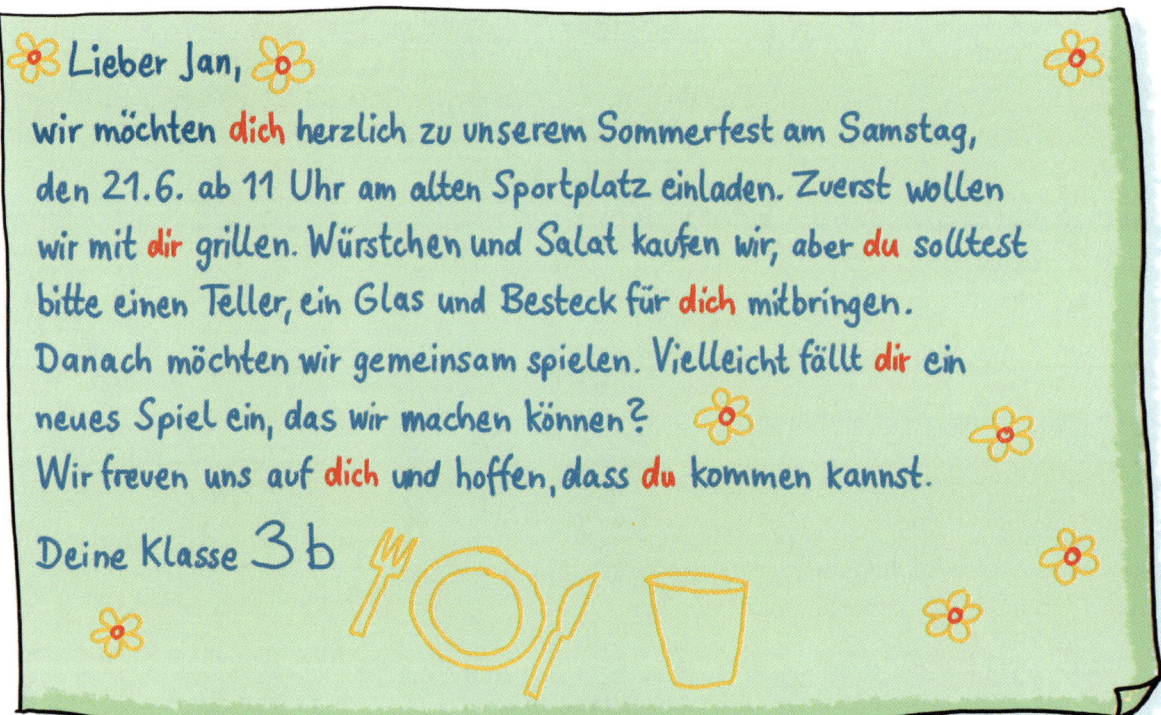

Lieber Jan,

wir möchten dich herzlich zu unserem Sommerfest am Samstag, den 21.6. ab 11 Uhr am alten Sportplatz einladen. Zuerst wollen wir mit dir grillen. Würstchen und Salat kaufen wir, aber du solltest bitte einen Teller, ein Glas und Besteck für dich mitbringen. Danach möchten wir gemeinsam spielen. Vielleicht fällt dir ein neues Spiel ein, das wir machen können?
Wir freuen uns auf dich und hoffen, dass du kommen kannst.

Deine Klasse 3b

2 Die Klasse möchte auch ihren ehemaligen Lehrer, Herrn Winter, einladen. Schreibe die Einladung in einen förmlichen Brief um. Ergänze auch die fehlenden Bestandteile des Briefs.

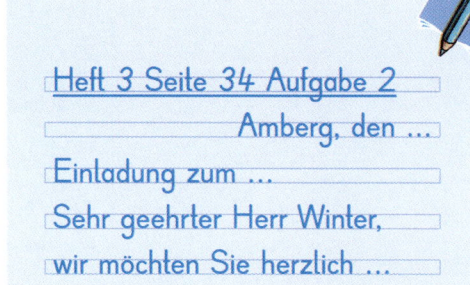

Heft 3 Seite 34 Aufgabe 2
Amberg, den …
Einladung zum …
Sehr geehrter Herr Winter,
wir möchten Sie herzlich …

5 Einen förmlichen Brief schreiben

1 Die Kinder möchten mit ihrer Schule
am 13.07. ein Zirkusfest veranstalten.
Sie bitten den Bürgermeister um Erlaubnis,
an diesem Tag die Wiese hinter der Stadthalle
nutzen zu dürfen.
Schreibe einen förmlichen Brief
an den Bürgermeister.
Beachte dabei die Merkmale
eines förmlichen Briefs.

Heft 3 Seite 35 Aufgabe 1
Augsburg, den 06.04.20...
Zirkusfest hinter der Stadthalle

Sehr geehrter Herr Bürgermeister,
...

2 Tausche deinen Brief mit dem eines Partnerkinds.
Überprüft eure Texte gegenseitig als Aufbauexperten.

3 Überarbeite deinen förmlichen Brief.

4 Überprüfe, ob du alle Bausteine verwendet hast.
Überlege, was dir gut geglückt ist.
Schreibe auf, wem du gerne einmal
einen Brief schreiben möchtest.

6 Argumente in einem Text finden und ergänzen

1 Lies den Text.

Die Vorstadtkrokodile sind eine Kinderbande. Man muss eine gefährliche Mutprobe bestehen, um aufgenommen zu werden. Gemeinsam erleben die Kinder spannende Abenteuer. Nun diskutieren sie, ob sie Kurt, einen Jungen im Rollstuhl, in ihre Bande aufnehmen wollen oder nicht.

> Was sollen wir mit einem, der dauernd gefahren werden muss? Wir können nur welche brauchen, die auf Bäume und Dächer klettern.

> Kurt kann doch nur nicht laufen, und im Kopf hat er genauso viel, wie wir alle zusammen.

> ...

> ...

(nach Max von der Grün)

2 Schreibe auf, welches Argument dafür spricht, dass Kurt aufgenommen wird, und welches dagegen spricht.

> Heft 3 Seite 36 Aufgabe 2
> Argument dafür: Kurt kann ...

3 Überlege dir gemeinsam mit einem anderen Kind weitere Argumente, die dafür oder dagegen sprechen, dass Kurt aufgenommen wird.

> Heft 3 Seite 36 Aufgabe 3
> Argumente dafür: Kurt ...

4 Spiele gemeinsam mit anderen Kindern die Szene nach und verwendet auch eure eigenen Argumente.
Eine Gruppe von Kindern ist dafür und eine Gruppe dagegen.

> Nehmt ihr ihn jetzt auf oder nicht?

5 Kennt ihr das Buch „Vorstadtkrokodile"? Findet heraus, wie sich die Kinder im Buch entscheiden. Recherchiert dafür in der Bibliothek oder im Internet.

6 Argumente für eine Meinung sammeln und vorbringen

1 Lies die Argumente, die für und gegen diese Aussage sprechen:

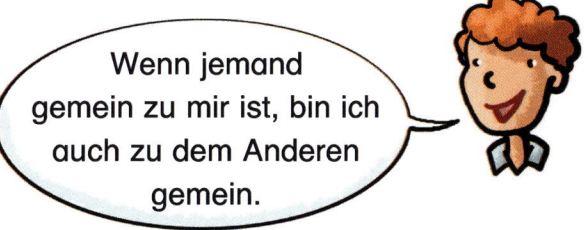

Wenn jemand gemein zu mir ist, bin ich auch zu dem Anderen gemein.

Argumente dafür:
- Ich zeige so, dass ich keine Angst vor dem Anderen habe.
- Wehre ich mich, macht der Andere das dann vielleicht nie wieder.
- Das hat der Andere dann verdient.

Argumente dagegen:
- Der petzt dann doch bestimmt und dann werde ich ausgeschimpft.
- Wenn ich dann auch gemein bin, geht das immer so weiter.
- Ich will dem Anderen zeigen, wie man sich richtig verhält.

2 Schreibe auf, ob du die Argumente dafür oder dagegen besser findest. Begründe deine Meinung mit dem wichtigsten Argument.

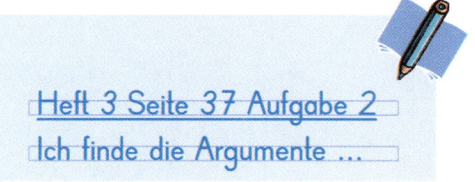

Heft 3 Seite 37 Aufgabe 2
Ich finde die Argumente ...

 3 Suche dir ein Partnerkind und vergleicht eure Gedanken und Lösungen zu **2**.

 4 Wählt gemeinsam eine Aussage aus.
Entscheidet euch, wer Argumente für und wer Argumente gegen die Aussage sucht.
Jeder von euch sollte mindestens zwei Argumente sammeln.

> Kleine Lügen sind erlaubt.

> Mädchen sollten in der Schule neben Mädchen sitzen und Jungen neben Jungen.

> Es sollte nur getrennte Jungen- und Mädchenschulen geben.

 5 Tauscht eure Argumente von **4** in einer Diskussion zu zweit aus.
Ihr könnt andere Kinder als Zuhörer einbeziehen. Sie können euch eine Rückmeldung geben, ob eure Argumente überzeugt haben.

6. Informationen sammeln, um Sachverhalte zu begründen

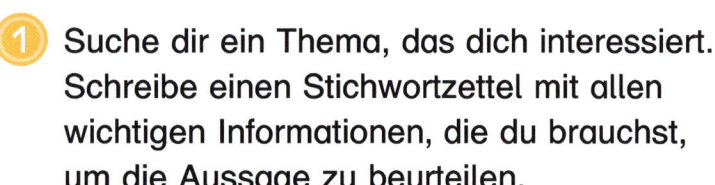

① Suche dir ein Thema, das dich interessiert. Schreibe einen Stichwortzettel mit allen wichtigen Informationen, die du brauchst, um die Aussage zu beurteilen.

Heft 3 Seite 38 Aufgabe 1
Mein Thema: ...
— ...

> Mehr als zehn Kinder in unserer Klasse wissen, wer in der Fußball-Bundesliga im Moment auf Platz 1, 2 und 3 ist.

> In unserer Schule kommen auf jeden Lehrer etwa 20 Kinder.

> Jedes fünfte Kind in unserer Klasse / den 3. Klassen / in unserer Schule spricht neben Deutsch eine weitere Sprache.

> In unserer Schule werden alle Kinderrechte eingehalten.

 ② Lies, was man sagen oder schreiben kann, um etwas zu begründen. Überlegt euch gemeinsam weitere passende Wörter und Formulierungen.

Ich bin der Meinung, dass ...

Im Internet/in der Zeitung/im Buch ... steht, dass ...

Aus meiner Sicht ...

③ Schreibe einen Text, in dem du begründest, ob deine gewählte Aussage von ① stimmt oder nicht. Verwende dafür deine gesammelten Stichworte und Formulierungen.

Heft 3 Seite 38 Aufgabe 3
Ich bin ...

 ④ Führe mit anderen Kindern eine Schreibkonferenz durch.

Auf Seite 10 steht, wie man eine Schreibkonferenz durchführt.

 ⑤ Präsentiert eure Texte in der Klasse.

6 Argumente sammeln und Stellung beziehen

1 Sieh dir das Bild an. Überlege, ob du eine ähnliche Situation schon einmal erlebt hast.

2 Sammle Argumente, die dafür sprechen, in einen Streit einzugreifen. Finde auch Argumente, die dagegen sprechen einzugreifen.

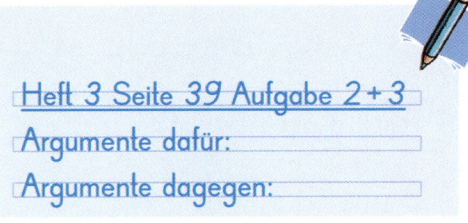

Heft 3 Seite 39 Aufgabe 2 + 3
Argumente dafür:
Argumente dagegen:

3 Tausche dich mit anderen Kindern aus und ergänze deine Argumente.

4 Entscheide dich, ob du es richtig findest, in einen Streit einzugreifen oder nicht. Schreibe das wichtigste Argument für deine Entscheidung auf.

Heft 3 Seite 39 Aufgabe 4
...

5 Suche ein Kind, das anderer Meinung ist als du. Führe mit ihm eine Diskussion. Verwende dein wichtigstes Argument zuletzt.

7 Die Erzählsituation einer Geschichte kennen lernen

 **1** Lest die Geschichte in verteilten Rollen.

Sinan und Felix

An einem Tag im Sommer gingen Sinan und Felix in den Park und setzten sich auf die Wiese. Es war heiß und Sinan hatte großen Durst. Er packte seine Flasche Wasser aus und trank sie mit einem Mal halb leer.

„ooo-oooch!", sagte er auf Türkisch und rieb sich den Bauch. „Das hat gut getan! Magst du auch was?", fragte er Felix.
„Och", sagte Felix auf Deutsch. „Nö, danke!"
Er aß lieber seinen Apfel auf. Dann überlegten die beiden, was sie spielen sollten.
„Ach!", sagte Felix auf Deutsch. „Ich habe Karten dabei. Hast du Lust?"

Genau in dem Moment flog der Fußball von Murat direkt auf Sinans Kopf.

Aygen-Sibel Çelik

2 Schreibe die Fragen **Wer? Wann? Wo?**
und die passenden Antworten in dein Heft.
Schreibe auf, in welchem Abschnitt
der Geschichte du davon erfährst.

> Heft 3 Seite 40 Aufgabe 2
> Wer? ...
> Wann? ...
> Wo? ...
> Abschnitt: ...

 3 Suche dir ein Partnerkind.
Vergleicht eure Lösung.

7 Eine Erzählsituation untersuchen und schreiben

1 Lies die Erzählsituation.
Überprüfe, ob sie vollständig ist.
Schreibe dazu die Fragen **Wer? Wann? Wo?**
und die passenden Antworten in dein Heft.

Heft 3 Seite 41 Aufgabe 1
Wer? ...
Wann? ...
Wo? ...

Lisa wohnte zusammen mit ihrem kleinen Bruder und ihrer Mutter in einem riesigen Hochhaus mitten in der Stadt. Die kleine Wohnung lag im 15. Stock. Lisa fand es wunderbar, so weit oben über den Straßen der Stadt zu hausen. Sie fühlte sich immer wie eine Königin, die von den höchsten Burgzinnen hinab auf ihr Reich blickt.

2 Suche dir ein Partnerkind.
Überlegt gemeinsam, wie sich
die Erzählsituation ändert, wenn Lisa
nicht in einem Hochhaus in der Stadt,
sondern auf einem Bauernhof
auf dem Land wohnen würde.

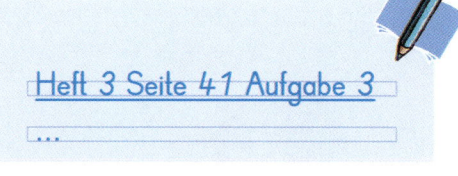

3 Schreibe eine neue Erzählsituation zu **1**.
Verändere dabei nur den Ort.
Stelle dir den Ort genau vor und überlege,
was sich in deiner Erzählsituation ändert.

Heft 3 Seite 41 Aufgabe 3
...

| Eine Villa auf dem Land | In einer Berghütte |

| In einem Iglu in Grönland |

| Auf einem Hausboot | ... |

4 Tausche deinen Text mit dem eines Partnerkinds.
Überprüft den Text als Aufbauexperten.
Überlegt euch dazu:
Sind in der Erzählsituation die Fragen:
Wer? Wann? Wo? beantwortet?

7 Eine Ereignisgeschichte entwickeln

1 Lies die Geschichte.

Rennschwein Rudi Rüssel

Zwei Jahre ist das her, da fuhren wir an einem Sonntag aufs Land. Wir, das sind meine Mutter, mein Vater, meine Schwester Betti, die nur ein Jahr jünger ist als ich, und Zuppi, meine kleine Schwester. Wir fuhren in die Lüneburger Heide und dann begann das, was wir Kinder überhaupt nicht mögen – es wurde gewandert. Endlich kamen wir nach Hörpel, einem kleinen Dorf. In einem Gasthof wurde gerade ein Fest gefeiert. Die Dorffeuerwehr hatte ihr 50jähriges Jubiläum. Dann kam ein Mann an unseren Tisch mit einem kleinen Eimer in der Hand und darin waren Lose. Jeder von uns durfte sich eins kaufen. Zuppi zog eine rote Nummer. Als die Lose verkauft waren, rannte sie damit nach vorn, zum Podium.

Der Feuerwehrmann ließ sich das Los zeigen und rief: „Du hast Schwein. Du hast nämlich ein kleines Schwein gewonnen."

Und dann hob der Mann ein Ferkel aus einer Kiste und drückte es Zuppi in die Arme.

Uwe Timm

2 Überlege gemeinsam mit einem anderen Kind, wie die Geschichte weitergehen könnte. Spielt sie nach.

Vielleicht kann Zuppi ja den Gewinn tauschen.

Sie fahren aufs Land. Also wohnen sie in der Stadt. Vielleicht müssen sie das Ferkel dalassen.

Sie nehmen es auf jeden Fall mit nach Hause.

3 Entscheide dich für eine Möglichkeit und schreibe deine Geschichte auf.

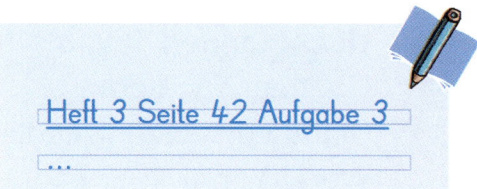

Heft 3 Seite 42 Aufgabe 3

7 Einen Ausgang finden

1 Lies die Erzählsituation, das Ereignis und die drei Geschichtenausgänge. Entscheide dich für einen Ausgang oder schreibe selbst einen Geschichtenausgang.

Heft 3 Seite 43 Aufgabe 1
...

Die neue Schülerin

Die Klasse 3b hatte gerade Rechnen.
Bei Herrn Grempel. Da klopfte es.
Ein Mann, ein Mädchen und
ein Elefant guckten durch die Tür.

1

„Ist das hier die Klasse 3b?", fragte der Mann. Herr Grempel nickte verdattert. „Ich bringe Ihnen eine neue Schülerin", sagte der Mann. „Meine Tochter Inga." Inga lächelte. „Viel Spaß, mein Kind!", sagte der Vater. „Ich lasse den Elefanten auf dem Schulhof. Vergiss nicht, ihn zu füttern." Der Elefant winkte mit dem Rüssel. Ingas Vater verbeugte sich bis zur Erde und verschwand wieder. Inga aber hüpfte zum einzigen leeren Platz. Ganz hinten neben dem dicken Max.

Cornelia Funke

2

„Hallo, Papa!", sagte das Mädchen zu Herrn Grempel. „Stell dir vor, der Herr hier ist ein echter Zirkusdirektor und Bambu einer seiner Elefanten. Ich habe ihn auf dem Weg zur Schule kennen gelernt und jetzt dürfen ich und alle Kinder meiner Klasse abwechselnd auf dem Rücken von Bambu reiten. Das erlaubst du den Kindern deiner Klasse doch auch?" Herr Grempel schaute erst verwirrt, dann ein wenig böse, doch noch bevor er widersprechen konnte, standen seine Schüler in einer ordentlichen Zweierreihe vor der Tür.

Mia

3

„Ist das hier die Klasse 3b?", fragte der Mann. „Wir sind neu hier und das sind Inga und Bolle." „Willkommen Inga, willst du nun mit uns lernen?", fragte Herr Grempel freundlich. Inga nickte. Bolle wedelte mit seinem Rüssel und schob sich vorsichtig durch die Tür. „E-E-Elefanten gehören aber nicht in die Schu-Schule!", stotterte Herr Grempel. „Na hören Sie mal", rief der Mann. „Elefanten sind kluge Tiere und Bolle ist besonders wissbegierig. Seien Sie doch froh, wenn Ihre Schüler gerne lernen!" Herr Grempel überlegte. Dann sagte er: „Na dann, herzlich willkommen in der 3b, Inga und Bolle."

Van Thien

7 Die Zeitform einer Geschichte kennen lernen

Wenn du eine Geschichte schreibst, schreibst du sie in der Gegenwartsform oder 1. Vergangenheit.
Bleibe immer in einer Zeitform und springe nicht hin und her.

> Achte auf die Zeitform!

 **1** Suche dir ein Partnerkind.
Ein Kind liest den Text vor.
Das andere Kind hört aufmerksam zu.

Unfall auf dem Pausenhof – so ist es

Lena zog an einem Seil einen Rollwagen, auf dem Mike sitzt. Sie rennt sehr schnell. Da prallte der Wagen an den Stamm der dicken Eiche. Mike knallt an den Baum und fiel auf den Boden. Seine Nase blutet stark und er weint laut. Er kam zwei Wochen nicht in die Schule, denn seine Nase ist gebrochen und er hat eine Gehirnerschütterung.

 2 Besprich den Text mit deinem Partnerkind.
Was ist euch beim Lesen und Zuhören aufgefallen?

 3 Schreibt die Geschichte ab.
Ein Kind schreibt den Text in der Gegenwart. Das andere Kind schreibt den Text in der 1. Vergangenheit.

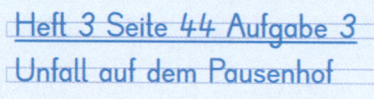

Heft 3 Seite 44 Aufgabe 3
Unfall auf dem Pausenhof
...

7 In der gewählten Zeitform bleiben

1 Lest euch gegenseitig eure Hefteinträge zu **3** von Seite 44 vor.

2 Tauscht nach dem Vorlesen eure Hefte aus. Überprüft als Rechtschreibexperte den Text eures Partnerkinds.

> Der **Rechtschreibexperte** überprüft, ob alle Wörter richtig geschrieben sind und die Zeitform stimmt.

So arbeitet der Rechtschreibexperte:

Lesen:
- Ich versuche jeden Rechtschreibfehler zu finden.
- Ich achte auf die richtige Zeitform.

Rückmeldung geben:
- Ich markiere falsch geschriebene Wörter oder Zeitformen.
- Ich schreibe die Wörter oder Zeitform richtig darüber.
- Wenn ich nicht sicher bin, ob etwas richtig geschrieben ist, schlage ich im Wörterbuch nach.
- Ich bespreche den Text mit meinem Partnerkind. Wir achten dabei auf die Einhaltung der Gesprächsregeln.

3 Lies die Rückmeldung deines Rechtschreibexperten. Schreibe deinen Text neu auf, wenn dein Rechtschreibexperte viele Anmerkungen hatte.

Heft 3 Seite 45 Aufgabe 3
...

4 Schreibe dein eigenes Pausenerlebnis. Verwende nur die 1. Vergangenheit.

Heft 3 Seite 45 Aufgabe 4
...

1 Wähle einen Ort, einen Zeitpunkt und Personen aus. Schreibe die Erzählsituation der Geschichte.

Heft 3 Seite 46 Aufgabe 1
...

Wann?	Wer?	Wo?
Gestern Abend	ich/wir	im Wald
Letztes Wochenende	mein großer Bruder	im Keller
In den Ferien	meine Nachbarin	im Bus
?	?	?

2 Wähle ein Ereignis aus und plane eine Geschichte passend zu dem Ort, der Zeit und den Personen aus **1**.

Heft 3 Seite 46 Aufgabe 2
...

Unfall   verlaufen   Diebstahl

Streich   ...

Beschreibe spannend und ausführlich, was passiert.

3 Finde einen Ausgang und eine passende Überschrift für deine Geschichte.

Heft 3 Seite 46 Aufgabe 3 + 4
...

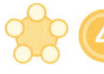 **4** Erstellt eine Geschichtensammlung. Ergänzt Fotos oder malt zu euren Texten. Ihr könnt auch den Computer verwenden.

7 Eine Fotogeschichte schreiben

1 Schau dir die Fotogeschichte an.

Der Hund ist schon ewig hier angebunden.

Der ist bestimmt ausgesetzt worden!

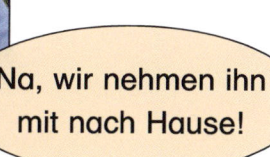

Was habt ihr vor?

Na, wir nehmen ihn mit nach Hause!

?!

So plane ich eine Fotogeschichte

1. Ich denke mir eine Geschichte aus.
2. Ich überlege, was auf den einzelnen Fotos abgebildet sein muss.
   Das schreibe ich mir am besten auf.
   Zum Beispiel:
   Foto 1: Kinder sitzen um Hund.
   Foto 2: Kinder gehen mit Hund weg.
   Foto 3: Frau wundert sich.
   Foto 4: …
   Ich versuche, so wenig Fotos wie möglich zu machen.
3. Am Schluss klebe ich die Bilder auf und klebe auch die Sprechblasen oder Erzählkästen dazu.
   Viel Spaß!

2 Suche dir ein Partnerkind. Erzählt euch die Geschichte.
Überlegt, wie die Geschichte weitergehen könnte.

3 Schreibe, male oder fotografiere mit einem Partnerkind die Geschichte zu Ende.
Ihr könnt auch eine neue Geschichte schreiben, malen oder fotografieren.

8 Abwechslungsreich schreiben durch Pronomen

 1 Lies die beiden Texte mit einem Partnerkind. Entscheidet, welcher Text euch besser gefällt. Begründet eure Entscheidung.

> **Maren** ist alleine in ihrem Zimmer. **Maren** möchte mit ihren Kuscheltieren spielen. **Maren** mag den Löwen am liebsten. Der Löwe heißt **Leo**. **Leo** hat eine schöne Mähne.
>
> **1**

> **Maren** ist alleine in ihrem Zimmer. Sie möchte mit ihren Kuscheltieren spielen. **Maren** mag den Löwen am liebsten. Der Löwe heißt **Leo**. Er hat eine schöne Mähne.
>
> **2**

2 Vergleiche die beiden Texte Satz für Satz. Schreibe auf, welche Nomen im Text 2 durch Pronomen ersetzt wurden.

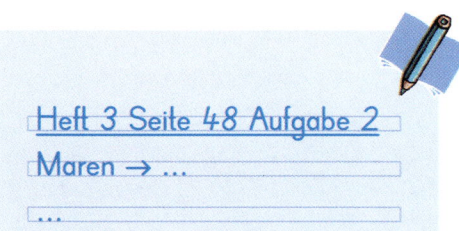

Heft 3 Seite 48 Aufgabe 2

Maren → ...

...

3 Überarbeite den Text. Vermeide Wiederholungen. Ersetze Nomen durch passende Pronomen.

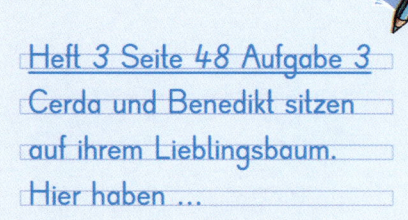

Heft 3 Seite 48 Aufgabe 3

Cerda und Benedikt sitzen auf ihrem Lieblingsbaum. Hier haben ...

Benedikt hat ein Baumhaus. Das Baumhaus ist nicht sehr groß, aber Benedikt ist gerne dort. Manchmal bekommt Benedikt Besuch von Cerda und Benedikt und Cerda spielen zusammen. Das Baumhaus steht in einem großen Garten. Der Garten gehört Benedikts Oma. An manchen Tagen bringt Oma ihrem Enkel frisches Obst vorbei. Dann ruft Oma nach Benedikt und Benedikt antwortet seiner Oma fröhlich. Weil Benedikts Oma aber nicht klettern kann, legt Oma das Obst in einen Korb. So kann Benedikt das Obst an einem Seil hochziehen. Cerda hilft Benedikt dabei, denn gemeinsam sind Cerda und Benedikt stark.

 4 Vergleiche dein Ergebnis mit dem eines Partnerkindes.

8 Abwechslungsreich schreiben durch wörtliche Rede

> Wenn du in einer Geschichte **wörtliche Rede** einfügst, wird sie spannender und abwechslungsreicher.

> Denke an die Anführungszeichen und den Redebegleitsatz.

1 Lies die Geschichte.

Lukas, Emma und Papa sind im Stadion.
Der Stadionsprecher begrüßt die Fans.
Endlich greift der Schiedsrichter zur Pfeife.
Dann beginnt das Spiel. Lukas hüpft auf und ab.
Die Zuschauer schauen
gespannt auf das Spielfeld.
Der Trainer ruft den Spielern
Tipps zu. Da fällt ein Tor.
Vor Freude jubeln die Fans laut.

2 Ergänze wörtliche Rede in der Geschichte aus **1**. Schreibe nach jedem Satz mindestens einen Satz mit wörtlicher Rede. Du kannst das Wortmaterial verwenden oder dir eigene Sätze ausdenken.

Heft 3 Seite 49 Aufgabe 2
Lukas, Emma …

| Es geht los! | Schneller! | Tor! Tor! Tor! |

| Wann geht es los? | Das war ein guter Pass. |

| Willkommen, liebe Fans! | Mehr nach links! |

| Foul! | Ich bin so aufgeregt. | Juchu! | … |

rufen ✳ fragen ✳
brüllen ✳ schreien ✳
singen ✳ verkünden ✳
bemerken ✳ …

3 Lies deine Fußballgeschichte anderen Kindern vor.

1 Schreibe alle Wörter mit Pronomen aus dem Text auf, die zum Wortfeld **gehen** gehören.

Heft 3 Seite 50 Aufgabe 1
sie kommt, sie trödelt, …
…

Auf dem kürzesten Weg

Kims Mutter möchte, dass Kim nach der Schule direkt nach Hause kommt und nicht trödelt.

Obwohl Kim sonst sehr gerne bummelt, will sie Mamas Wunsch erfüllen. Nach der letzen Stunde verlässt Kim die Schule. Sie läuft nicht wie gewohnt durch den Vorderausgang. Kim rennt hinter der Schule über den Bolzplatz, geht die Böschung hinauf und kriecht oben durch das dichte Gebüsch. Vor ihr liegen viele kleine Gärten. Vorsichtig stelzt Kim über Blumenbeete, kniehohe Zäune, Salate und Kohlköpfe. Sie klettert über eine leere Hundehütte. Sie überquert eine Straße.

Werner Färber

Treffende Verben machen die Geschichte spannender.

2 Lies den Text. Ersetze das Wort **gehen** durch ein passendes Wort. Die Wörter im Kasten helfen dir.

Heft 3 Seite 50 Aufgabe 2
Als Tim und ich …
…

Als Tim und ich heute Abend nach Hause gehen, ist es schon dunkel. Wir gehen durch die Müllerstraße. Dort steht ein unbewohntes Haus. Die Haustür ist offen. Neugierig gehen wir zur Tür. Wir gehen in das Haus hinein, weil wir ein Geräusch hören. Was ist das? Eine Maus geht vorbei. Sie geht in den Keller. Plötzlich hören wir Schritte. Ein Mensch geht zur Haustür und öffnet sie. Was nun?

wandern ✹ laufen ✹
schlurfen ✹ hüpfen ✹
schleichen ✹ eilen ✹
tapsen ✹ hasten ✹
hinken ✹ trödeln ✹
huschen ✹ flitzen

8 Wortfelder nutzen: sagen

1 Lies den Text. Welche wichtigen Zeichen hat der Autor des Textes vergessen?
Besprich dich mit deinem Partnerkind.

Hauchte, wetterte, sprach, brüllte

Gestern Abend, sprach er.

Es war schon dunkel, erzählte er.

Wollte ich zu meinem Schwager, berichtete er.

Aber in dem Fliederbusch vor seinem Haus, raunte er.

Sah ich etwas glühen, zischte er.

Zwei grüne Augen, keuchte er.

Da lauerte ein Gespenst, schrie er.

Ich – , stieß er hervor.

Auf und davon wie der Blitz!, gestand er.

Da hättest du auch Angst gehabt, behauptete er.

Nun haben sie ohne mich Geburtstag gefeiert, jammerte er.

Es war bestimmt sehr lustig, schluchzte er.

Aber das nächste Mal, knurrte er.

Nehme ich einen Prügel mit, drohte er.

Und dann haue ich es windelweich, verkündete er.

Dieses freche, böse, hinterhältige, gemeine …, brüllte er.

Hoffentlich hat es das nicht gehört, hauchte er.

Aber untertags schläft es, versicherte er.

Wahrscheinlich, meinte er.

Dieses verdammte Gespenst, wetterte er.

Oder war es eine Katze?, fragte er.

Das kann gut sein, sagte ich.

Josef Guggenmos

2 Schreibe alle Wörter für **sagen**
in der Grundform auf.

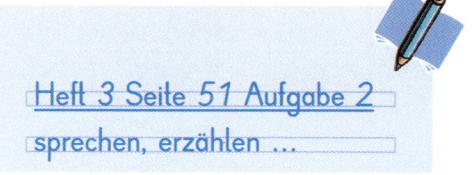

Heft 3 Seite 51 Aufgabe 2

sprechen, erzählen …

3 Schreibe selbst ein kurzes Erlebnis in der Ich-Form
auf. Verwende dabei mindestens fünf Wörter aus
dem Wortfeld **sagen**. Achte auf die 1. Vergangenheit.

Heft 3 Seite 51 Aufgabe 3

Heute sprach ich …

8 Treffende Wörter finden

1 Wähle das passende Wort und schreibe die Sätze in dein Heft.

Heft 3 Seite 52 Aufgabe 1
Hänsel und Gretel sahen im
Wald ein kleines Häuschen.
...

Es gibt Wörter, mit denen du dir ein Erlebnis besonders gut vorstellen kannst. Oft sind es Wörter, die besonders „klingen".

Hänsel und Gretel sahen im Wald ein kleines (Häuschen / Gebäude).

Ein herrlicher (Geruch / Duft) hing in der Luft.

Die Geschwister (gingen / schlichen leise) zum Haus.

Hänsel (brach / machte) ein Stück Lebkuchen vom Dach ab.

Da (sagte / tönte) eine feine Stimme von Innen:

Knusper, knusper, Knäuschen. Wer knuspert an meinem Häuschen?

Da …

2 Vergleiche dein Ergebnis mit dem eines Partnerkindes.

3 Wie bewegen sich verschiedene Tiere fort? Schreibt in der Gruppe passende Verben auf.

| Hase | Käfer | Frosch | Maus | … |

Heft 3 Seite 52 Aufgabe 3
Hase: hüpfen, ...

4 Findet in der Gruppe einen Grund, warum ihr treffende Worte sucht und Wortfelder nutzt. Schreibt in euer Lerntagebuch.

8 Spannung in Geschichten aufbauen

1 Suche dir ein Partnerkind. Lest die Geschichte und ordnet die einzelnen Farben folgenden Begriffen zu:
- wörtliche Rede
- Wörter und Sätze, die Gefühle beschreiben
- Ausdrücke und Wörter, die die Spannung steigern.

Wir, die Klasse 3 a, hatten uns heute einen lustigen Streich für unseren Lehrer ausgedacht. Als Herr Warning kurz die Klasse verließ, schütteten wir Salz in seine Flasche Wasser. „Achtung, er kommt!", brüllte Sophia plötzlich, die auf dem Flur Wache hielt. Sofort setzten wir uns brav auf unsere Plätze und sahen erwartungsvoll zur Tür. „Was ist denn mit euch los?", fragte Herr Warning verwundert. „Ihr schaut so komisch!" Wir versuchten, ganz normal zu schauen. Aber immer, wenn Herr Warning der Wasserflasche näher kam, musste einer von uns kichern. Da! Endlich griff er nach der Flasche! Er schraubte langsam den Deckel auf. Die ganze Klasse hielt gespannt den Atem an. Herr Warning nahm einen tiefen Schluck. Genau in dem Moment, als wir loslachen wollten, prustete er das Wasser in einem feinen Sprühregen auf uns. „Iiiiih!", kreischten wir entsetzt. „Hoppla", sagte Herr Warning. „Das tut mir leid! Aber irgendwie muss das Wasser wohl schlecht geworden sein." Wir sahen ihn verblüfft an und dann lachten wir alle zusammen.

2 Versuche die folgende Geschichte spannender zu gestalten. Setze dafür sprachliche Mittel wie in **1** ein. Schreibe die Geschichte neu auf.

Heft 3 Seite 53 Aufgabe 2
Ich ...

Ich hatte mir einen lustigen Streich ausgedacht. Ich kauerte mich hinter die Hecke. Der Geldbeutel an der Schnur lag auf dem Gehweg. Eine Frau mit ihrem kleinen Hund näherte sich. Als sie sich bückte, zog ich an der Schnur und der Geldbeutel verschwand in der Hecke. Der Hund sprang zu mir in mein Versteck und schleckte mich ab. Bäh!

... Langsam wurde mir langweilig. ✹

Endlich sah ich ... ✹

Die Frau rief überrascht: „..."

3 Suche dir ein Partnerkind. Es unterstreicht in deiner Geschichte mit den Farben von **1** die sprachlichen Mittel, die du eingesetzt hast. Sind alle Farben dabei?

8 Über ein Erlebnis schreiben

1 Schreibe eine kurze Geschichte über ein Ferien-
erlebnis, einen Schulausflug, über dein letztes
Wochenende oder … Versuche, in deine Geschichte
sprachliche Mittel (wörtliche Rede, unterschiedliche
Satzanfänge, treffende Wörter …) einzubauen.

Heft 3 Seite 54 Aufgabe 1
…

2 Suche dir ein Partnerkind.
Lest euch gegenseitig eure Erlebnisgeschichte vor.

3 Tauscht nach dem Vorlesen eure Geschichten aus.
Überprüft als Ausdrucksexperte den Text eures Partnerkinds.

So arbeitet der Ausdrucksexperte:

Lesen:
Ich prüfe, ob
- … interessante Wörter
  im Text enthalten sind.
- … passende Adjektive und Verben
  verwendet wurden.
- … es wörtliche Rede gibt.
- … unterschiedliche Satzanfänge
  genutzt wurden

Rückmeldung geben:
- Ich markiere Wiederholungen
  und unpassende Wörter.
- Ich schreibe hilfreiche Tipps
  und Hinweise an den Rand.
- Ich bespreche den Text mit meinem
  Partnerkind. Wir achten dabei auf
  die Einhaltung der Gesprächsregeln.

> Der Ausdrucksexperte
> überprüft, welche Sätze gut
> gelungen sind.

4 Lies die Rückmeldung deines Ausdrucksexperten.
Schreibe deinen Text neu auf.

Heft 3 Seite 54 Aufgabe 4
…

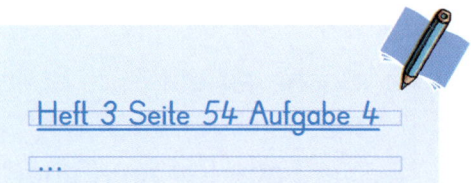

Einen Text überarbeiten

1 Überarbeite die Geschichte
als **Verständnisexperte**, **Aufbauexperte**,
Rechtschreibexperte und **Ausdrucksexperte**.
Schreibe den verbesserten Text in dein Heft.

Heft 3 Seite 55 Aufgabe 1
Lisa hatte fest geschlafen.
Plötzlich weckte ...

Lisa hatte fest geschlafen.
Dann weckte ein Geräuch Lisa auf.
Dann stand sie auf. Dann zog sie
sich an. Der rechte Socken fehlte
und ihr lieblingspulli hatte Flecken.
Lisa war ärgerlich. Lisa packte
schnell noch den Schulranzen.
Lisa wirft die Stifte und die Hefte
in den schulranzen? Lisa setzt sich
schlecht gelaunt an den Frühstückstisch.
Papa brachte Brötchen. Es war Sonntag.
Lisa hatte das ganz vergessen.

Habe ich noch
Fragen zum Inhalt oder zu
bestimmten Wörtern?

Sind die Satzanfänge
abwechslungsreich? Stehen die
Verben immer in der gleichen Zeitform?
Werden Wiederholungen und gleiche
Wörter vermieden?

Ich markiere
falsch geschriebene Wörter
und schreibe sie richtig darüber.
Wenn ich unsicher bin, kann
ich das Wörterbuch
benutzen.

Sind in der Erzählsituation
die Fragen Wer? Wann? Wo? beantwortet? Ist das Ereignis ausführlich
und interessant dargestellt? Rundet
der Ausgang die Geschichte ab?
Stimmt die Reihenfolge?

Einsterns Schwester 3
Grundschule Bayern

Themenheft 3
Schreiben

Herausgegeben von:	Roland Bauer, Jutta Maurach
Erarbeitet von:	Iris Samajdar, Augsburg
Auf der Grundlage der Ausgabe von:	Ursula Oswald
Unter Beratung von:	Enno Hörsgen, Langerringen; Dr. Klaus Metzger, Gersthofen; Dr. Helga Rolletschek, Brunnthal; Prof. Dr. Angelika Speck-Hamdan, München
Unter Begutachtung von:	Sandra Kroll-Gabriel, Ingolstadt
Redaktion:	Anemone Fesl, Christine M. Kaiser
Illustration:	Yo Rühmer, Frankfurt am Main
Umschlaggestaltung:	Cornelia Gründer, agentur corngreen, Leipzig
Layout und technische Umsetzung:	lernsatz.de

www.cornelsen.de

1. Auflage, 10. Druck 2024

Alle Drucke dieser Auflage sind inhaltlich unverändert
und können im Unterricht nebeneinander verwendet werden.

© 2015 Cornelsen Schulverlage GmbH, Berlin
© 2020 Cornelsen Verlag GmbH, Mecklenburgische Str. 53, 14197 Berlin

Druck: Esser printSolutions GmbH, Bretten

ISBN 978-3-06-083599-7 (Schülerbuch)
ISBN 978-3-06-081797-9 (E-Book)

Dieses Heft ist Bestandteil des Pakets „Einsterns Schwester 3" (ISBN 978-3-06-083537-9) und kann auch einzeln bestellt werden.